그리움 그리고

AI 내 안의 삶_대표곡 詩노래 발표_QR 핸드폰 스캔으로 감상하기

창작동네 시인선 192

그리움 그리고

인　　쇄 : 초판인쇄 2025년 03월 13일
지은이 : 박선순
펴낸이 : 윤기영
편집장 : 정설연
펴낸곳 : 노트북 출판사_ 등록 : 제 305-2012-000048호
본　　사 : 서울시 동대문구 사가정로 256-4호 나동B101
전　　화 : 070-8887-8233 팩시밀리 02-844-5756 HP : 010-8263-8233
이메일 : hdpoem55@hanmail.net
판　　형 : 신한국판형 P128 130-210

2025. 3_그리움 그리고_박선순 제1집

정 가 : 10.000원

ISBN : 979-11-88856-93-0-03810

*저자와의 협의로 인지는 생략합니다.
*잘못된 책은 교환해 드립니다.

저자의 말

 바람이 몹시 차갑다
따스한 아메리카 한 잔에 마음을 달랜다
따스한 차 한잔이 온몸을 감싸 안는다 망각된 기억들이 수묵화 같은 음영으로 실루엣 슬라이드처럼 필름이 스르르 돌아가며 내게 종용하는 것 들을 하나씩 꺼내서 끄적이던 글들을 책으로 묶어놓고 말았다

 추억 속으로 가는 길은 퍽 오랜 시간으로 이어지고 허전한 가슴에 품은 이들이 그립다
이 글들을 껴묻거리로 남겨 두리라

 긴 시간 고민하던 날들을 치유하려 부끄럼움 없는 시간 속에서 홀로 즐기며 만족했기에 대단한 용기로 마음을 활짝 열고 모든 것들을 받아드리며 기쁨으로 가는 길 향기로운 날들이리라

 길고 긴 추위는 차츰 달아나며 3월이 시작을 알렸습니다 이 글을 읽는 모든 분들께 감사드리며 3월의 향기가 윤택한 날들로 이어지기를 소망합니다.

2025년 3월

목 차

1부. 나 여기서 떠나려 하네

010...나 여기서 떠나려 하네
011...외사랑
012...백일홍
013...억겹의 세월 속에
014...맏이
016...화류계
018...아프면서 사는 거지
020...단꿈
021...사랑하나니
022...숲길에서
023...그냥
024...남동생
026...단막극
027...섣달그믐
028...소중한 인연에 덧 입히고
029...꽃무릇
030...인생은
031...스며든다
032...새벽
033...팔월이 떠났구나

2부. 화려한 유혹

036...봄
037...꽃샘추위와 봄
038...화려한 유혹
039...벚꽃 향기가 그윽한 날은
040...사월 잔인한 달이 좋다
041...그대에게 보내리
042...줄딸기꽃
043...찔레꽃
044...유월 속으로
046...봄은 오는가
047...봄 너는 지금 어딘지
048...비 내리는 날
050...봄의 거처
051...꿈속에서
052...비 오는 밤
053...사는 날
054...오월의 신록 환희
055...4월
056...칠월은
058...꿈
059...꽃과 나비

3부. 숙명인걸

062...삶의 길에서
064...숙명인걸
065...엽서
066...욕망
067...서약
068...그곳은
070...삶의 언저리에서
072...바람에게 질소냐
073...고마리
074...오래된 낙서
076...하늘이
078...텅 빈 공간에서
079...고민
080...되돌아봐도
082...하나의 그리움을 두고
084...떠나는 시간
086...영혼의 떨림
087...그래 그렇게 사는 거야
088...동행
090...친구여
092...면경
094...골목길
096...갈등 사랑
098...독백

4부. 늘 보고파서

102...가을
103...가을 냄새를 맡으러 가야겠다
104...가을엔 어디론가 떠나고 싶습니다
105...치매
106...만추
108...가을은 영글고
110...가을숲
111...가을은 왜
112...시월 속으로
114...가을 안부
115...가을 낙서
116...가을 길
118...늘 보고파서
120...지친 기다림
121...한해의 끝자락
122...기도
123...가을은
124...가을편지
125...산소에서 그대를 그리다
126...11월의 선물
127...첫눈

1부. 나 여기서 떠나려 하네

모든 기억들도 함께 가나
지난 시간을 추억으로 묻고
내일이 기다린다는 주문을 외우며
여기서 떠나간다
104마을을...

나 여기서 떠나려 하네 중

나 여기서 떠나려 하네

정녕 감당할 수 있을까
새로운 사람과의 만남이
지금 이곳은 정이 들었었는데

그네들이 보고플까
서로의 정 때문에 안부를 전할까
쉽게 놀러 오라고 놀러 온다며 떠나는 길

모두가 바쁘다는 핑계로
안부도 서서히 멀어지겠지
가슴에 물들던 가을 정취도
하얀 설원에 덮인 추억도
매섭게 불던 겨울 뒷모습도
이대로 두고 떠나야 해

다 버리고 떠나는 길에
우리 인생도 봄꽃이 피었다 지듯
내 마음에 축복이 내린다면
조금이라도 윤택한 내일이 기다려주겠지

모든 기억들도 함께 가나
지난 시간을 추억으로 묻고
내일이 기다린다는 주문을 외우며
여기서 떠나간다
104마을을...

외사랑

이 순간순간들이 얼마나
아름답고 소중한 시간이던가
나 그대들을 만나
그 숨결을 사랑하노라

마음에 품은 사람들
곁에서 함께 할 수 없어도
속 깊은 곳
안부를 전할 님들이 있다는 것이
즐거운 일 아닌가

사랑은 애가 타 때로는 후회와
배신을 느끼지만
숨 쉬며 그대들에게 다가갈 수 있는
시간을 허락하는 날들이 있어
살아가는 행복이어라

유유히 흘러가는 강물처럼
변하지 않을 사랑
꼭 끌어안으리라.

박선순

백일홍

어머니 숨결 따라
어머니 손끝에서 곱게 피었다

뒤뜰 장독대 한쪽
봉선화가 피고 지고
키 작은 채송화가 피어나던 곳

뜨거운 여름 자락에도
가을 끄트머리까지도
오랜 시간 지켜가며
피워낸 백일홍

엄니 사랑 속에
그렇게 피어났다네
꽃 속에 숨어 계신
그리운 나의 엄마.

억겁의 세월 속에

수많은 인연 중
무엇으로 만났던가

일천 년 전에
우리는 무엇이었기에
또다시 만나야만 했던 건가

일천 년 전에
헤어짐을 끝내야 했음에도
어떤 바람을 타고 왔기에

끝없이 출렁이며 부서지는가

이제는 정말 끝내야 하리라
내일에 있을 나와 같은
수많은 그대들을 위하여.

박선순

맏이

휘영청 밝은 달이 하늘에 떠다닌다

삶의 굴곡 속에서 고독과 외로움에 지친
내게도 밝은 웃음 짓던 날들이 몇 날이던가

오 남매 맏이로 살아온 길을 뒤돌아보면
동기간의 정을 얼마만큼 주었더냐

부모님 살아 실 땐
오로지 그분들의 관심과 사랑 속에서
내 존재를 각인시켜 주셨다

하지만
첫째인 것을 망각하고
나만을 위해 욕심을 부린 적도 없다

매섭게 차갑고 고집이 있다는 나
결코, 무작정 차갑지 않았는데
쓸데없는 고집으로 그들에게
상처를 주었는지 묻는다

팍팍한 삶 속에서
혼자만의 상처를 싸매느라
감싸안아 줄 수 없던 지난 시간
마음의 짐은 점차 무겁다

맏이라 함부로 내 아픔 따위를
뱉어낼 수 없었고
행여 내 동기간 마음 아플까
상처를 꽁꽁 싸매도 금세 곪아 터져 버린다

한 발을 뒤로 빼고
체면 따위로 포장하며 드러낼 수 없었던 지난날
어디에 하소연하며 위로받고 싶었지만
늘 외롭고 혼자였다

이제는 꽁지를 드러내며
마음 쓰이는 사랑하는 동생들과
허허롭게 웃음 지으며 살고 싶다

마음은 그네들에게 향하는데
아직도 마음 한구석에는 외로움이 짙게 배어 있다

사랑하는 동기간에게
마음이 쓰이는 것은 애정일까
아님 오로지 첫째 의무란 말인가

맏이로 산다는 것은 외로움과
고독이 존재하는 것이다.

박선순

화류계

4월 한 달을
꽃들의 잔치에 빠졌노라
파란색 개불알
노란 민들레
보랏빛 제비꽃
향이 짙어도 팔지 않는 매화

우윳빛 목련
병아리 입 개나리
속눈썹 멋진 분홍빛 진달래
올망졸망 생강나무
왕관을 쓴 산수유
묵은 나뭇가지에 수놓은 벚꽃
울 엄니 이름 명자

보송보송 털 고개 숙인 빨간 할미꽃
올망졸망 모여 속삭이는 으름
밥풀 주렁주렁 분홍빛 금낭화
어디서 왔을까 작은 흰꽃 개미자리
이름을 불러 주지 않아도
제 몫을 하는 냉이꽃 꽃다지
햇볕이 좋아 양지꽃

숱한 꽃들이
시간 가는 줄 모르게
유혹에 눈길을 보냈네

내가 만나 사랑을 나눈 많은 그들
이름은 다 부르지 못했어도
그들을 만나면
홀딱 빠져 버렸네

아
내 마음을 뺏은
사랑스런 화류계여.

박선순

아프면서 사는 거지

오랜만에 묻는 안부
혹은 늘 묻는 말
별일 없지
건강은 어때
아프지 말고

자주 병원 신세를 지는 내게
지인들 혹은
나를 아는 모든 이들이 묻는 안부다

괜찮다 하면서도 석연치 못한 몸뚱이
씩씩하게 견디지만
통증이 얄밉기도 하다

세월의 흔적이라 여기니
슬그머니 야속하다

초월함이 없는 삶
이제는 통증을 초월해 볼까

다 그렇게 동거하며 사는 거야
사랑도 아프고
이별도 아프고
슬픔도 아프고
질병도 아프더이다.

박선순

단꿈

시시껄렁한 날들 속에서
환한 미소로 다가오는
그대를 한낮 오수에 취해 만났노라
그대의 안부는 소리 없는 웃음이었고
들리지 않는 내 이름을 부르더라
때로는 애틋한 표정으로 내려보며
소리 없이 다가와 나를 안아 주었네
어떤 날은 환한 미소로 보여 주는 환상은
새가 날아다니며 꽃길이
화려하고 아름답더라
고단한 일상을 잊은 그대
미소 띤 모습
그 멋지고 아름다운 곳
이내 마음이 한결 가볍다
단, 꿈은 눈가를 적시고
나 세상 소풍을 끝내는 날
그대에게 돌아가 말하리
보고 싶어 노라고.

사랑하나니

어둠이 짙어 질주하던 자동차 소리도
간간이 들릴 때
그대여 밤을 지키시나요
밤하늘엔 보름달이 휘영청 밝은 날
두 눈 속에 담아 두려 별을 헤아렸다오
지난 추억 속 그대와 함께 바라보며
너의 별 나의 별을 만들던 추억
어느 결에 일렁이며 찾아든 그대의 별에
눈길이 멈추었노라
숨이 멎을 것같이 초롱초롱 빛나는 그대의 별
난, 넋을 잃고 하염없이 바라보았다네
추억 한 점을 만든 그날 수줍던 새색시는
이제 서릿발 같은 세상과 동거하느라
잊었던 별을 헤아리고 그 속에 숨어 있던
지난날이 파노라마가 되어 덧없이 지나간다
한밤이 지나도록 수많은 별을 세다가
지친 영혼을 달랜다
추억 넘어 깊숙이 똬리를 튼 그대여
오늘 밤도 그대의 여인은
묻어둔 추억 속에서 헤매며
애처로이 그대 이름을 부른다.

박선순

숲길에서

바람 한 줌에 잎새는 흔들리고
빗방울이 내려앉다가
또르르 흘러내린다
눈물이런가
흐느끼는 빗소린가
아련한 울부짖음 이려는가
재색 빛 하늘에 한없이 내리는 비
유월의 푸르름을 더 할 것인가

지독한 떨림을 지우기 위해
난 유월의 숲으로 천천히 걸어간다
둥둥 떠도는 추억
여름날 소나기처럼 지나가 버렸건만
아직도 꾹꾹 누르며 삼켜 버린 이름이여
그대 떠난 날 모든 걸 지웠다고
돌이킬 수 없다고 다짐했는데
차마 놓을 수 없는 정을 어찌하오리
청록이 싱그런 오늘처럼
맑은 영혼 속 그리운 그대여.

그냥

아무것도 할 수 없었어
멍한 백지상태로 있었지
시계 초침 소리만 울릴 뿐
너무도 조용했네
문득 자네가 생각났어
참 궁금했는데
전화벨이 나를 깨우더니
자네였네
무슨 일인가 물었는데
그냥 궁금해서라 하네
가끔씩 궁금한 친구에게 전화할 때
친구들이 묻는 질문이었지
나의 대답도 역시 그냥이었네
그냥 안부를 전할 수 있는
사람이 있는 것이 다행이다
그냥 낙서로 글을 써 내려가는 것 행복이다
그냥
그냥
이유가 필요 없어 그냥
살아가는 하루하루가
크나큰 축복인걸.

박선순

남동생

오 남매 맏인 나
여동생 셋
남동생 하나
다 세상에서 가장 사랑스러운 녀석
올해 58세
누나 셋에 여동생 하나를 가진 녀석이다
자라면서 아니 지금까지도 어찌나 순둥인지
나쁜 소리 욕 따위를 모르는 녀석에게
큰 병이 찾아왔다
약도 없고 치료법도 없다
시간이 흐를수록 녀석과 가족들은
애만 태우고 힘이 드는 병
알츠하이머라는 믿기 힘든 병과 동거하고 있다
어제저녁 녀석이 전화해선 저녁 드셨어요 묻고는
"누님 제가 집 앞에서 앵두를 많이 땄는데 드실래요"
말하기에 그래 가져와 먹을게 힘들면 나중에 주라고
했는데 바로 가지고 왔다.
빨간 앵두 가득 든 봉지를 내밀고
또 다른 봉지를 내미는데 같이 온
댕댕이 푸리 이놈이 내 소리에
어찌나 꼬리를 흔들며 반갑다고 소리를 지르는지
푸리를 안아 주느라 다른 봉지를 확인하지 못했는데

다른 봉지를 확인하니
아 녀석은 내 걱정에 작지만
산삼 몇 뿌리 캐어 보내온 거다
이끼에 정성 들여 싸서...
몇 해 전 수술 하고 난 뒤 녀석은 산을 뒤져
날 위해 산삼을 캐어 오더니
요즘 자꾸 넘어지고 아파하는 내가 안쓰러웠나 보다
난 네 녀석을 볼 때마다 가슴이 미어지는데
하루하루가 불안하고 미안한 마음뿐이다
무엇으로 어떻게 해주어야 할지 모른 상태로
생각만으로도 눈물이 흐른다
제 속에 감추어 둔 언어들이 얼마나 많았을까
속내를 드러내지 않는 녀석에게 하고픈 말 다 하라
해도 빙긋이 웃는 녀석 그런 녀석
사랑하는 내 동생
금세 한 말을 잊어버리는 안타까움만 더 할 뿐이다
저 산삼을 보며 또 눈물이 난다
내 어찌할 수 없어 기도한다
남동생 평안을 위해.

박선순

단막극

수정되어 가는 삶
그 안에 넌 누구더냐
퇴색되는 시간 속
서럽고 애달다
어느 바람이 휘몰아칠 때
쓰러질 듯한 몸 하나도
잘 견디며 버티었지
하루하루를 붙잡고
버둥거리며 살아온 시간
되돌아보면
모두가 생의 단막극인 것을
떡갈나무 연초록 그늘에 잠시 쉬어
지난 시간들을 되짚어 본다
희로애락(喜怒哀樂) 모두를 끄집어내
찬란했던 날들로 승화시키고
한 편의 멋진 단막극을 쓸까나.

섣달그믐

속사포처럼 날아온 시간
천천히 뒤돌아보니
어느덧 한 해 끝을 잡았네
사부작거리며 걸어가던 시간은
정처 없이 흐르고
여유롭게 호기롭던 날들은
텅 빈 바람 속으로 흩어져 날렸다
홀로 행진한 거리마다
외로운 삶의 길에서
하얗게 지새우는
그믐밤인들 어떠리
새해 새날이 오는데

박선순

소중한 인연에 덧 입히리

심장 깊숙한 자리에 함께한
님들의 아름다움을 노래하리라
인연의 끈으로 이어진
존경하며 사랑했던 님들 이어서

그대들에게 찬란한 보석을 덧입히리라
금과 은 사파이어와 에메랄드
최고의 보석 다이아몬드로 장식하리라

사뭇 그리운 님들
변할 수 없는 그대들이여
이내 가슴에 영원히 빛나도다.

꽃무릇

이내 가슴은
네가 만나야 할 님은 내가 아닐진대
너를 만나러 갈 때마다 가슴은 뛴다
올핸 어떤 모습으로
님을 기다리고 있을지
기대와 안타까움으로 네게 가 노라
절절한 그리움은
고개를 숙이지 못하고
하늘을 바라보며
눈물방울들을 맺고 있구나
붉디붉은 가슴을 열고
님을 향한 그리움을
바스락거리며 불어오는
바람에게 한탄하랴
평생을 볼 수 없는 무정한 님
원망한들 무엇하랴
기다림에 지쳐 쓰러져 갈 때
님은 그제야 삐죽 얼굴을 내밀며
긴 시간도 버티지 못하고
노을빛 따라가 버렸다.

박선순

인생은

청춘은 덧없이 홀연히 떠났구나
찬란하게 피어오르던
꿈도 꺾어 버린 채
살아가는 동안 후회는 뒤로하고
앞만 보고 달렸는데
욕망은 파멸이었다가 허무만 가득하다
흔하디 흔한 사랑조차 외면하며 떠나고
고독과 외로움 번뇌만이 흐른다
적막한 밤 작디작은 마음 통탄하거늘
울음조차 목마름에 지친 삶을 삼킨다
인생길 진흙 길이었어도
웃을 수 있는 여유가 있던 건 아니던가
차라리 저 은하계 속으로
몸을 띄워 볼까
삶은 내게 통탄하거늘.

스며든다

은빛 윤슬 사이로
스쳐 가듯 보이는 얼굴 하나
바람결에 내려앉은 향기는
갈꽃들의 미소처럼 번져 내린다
투박한 질그릇 속 음식처럼
사내는 정 깊고 사랑과 낭만을 즐길 줄 안다
여심 깊은 곳 파고드는 넉넉한 유머 속
그와의 사랑을 에필로그로 적고 있다
그리움의 짐은 떠나지 않고
무게를 잔뜩 실어 놓는다
찰랑대는 윤슬 속 언어조차 실종하며
선명하게 각인된 하룻밤 이야기 속으로
자박거리며 스며드는 밤
밤이 떠나고 나면 초월하지 못한
외로움의 숲은 더 깊어질 것이고
같이 할 수 없어 서러움이 더 해
눈물 한 방울 훔치며
지난 세월 속으로 빨려 들어갈 것인가
씁쓸한 아메리카노 한 잔 마신 것 같이.

박선순

새벽

하늘엔 하현달의 아련함이
별들에게도 전 해집니다
유독 반짝이는 별 하나가 곁에서 머물고
가을 새벽하늘 해맑은 모습으로 지키고 있습니다
가슴을 후벼 파는 사연들을 잊은 채
바라본 구름 사이로 삶의 빛이 보일까
허허로운 마음을 띄워 봅니다
시원한 갈바람이 마음을 흔들면
움직임조차 없던 삶의 조각들은
편린 속 통증을 잊으려 합니다
험난한 세상
움직임조차 자유롭지 못한 이 삶
긴 호흡 끝에 달린
한 가지 자유로움은 안에 있는
그리움입니다.

팔월이 떠났구나

짤막한 인사도 없이 너는 떠났다
지지리도 못난 날들을 보냈구나
지루한 장마 역병
그것도 부족해 태풍 바비까지
온통 흔들어 대고 갔다
다시 네가 온다면
치 머리를 흔들어 댈 것이다
떠나는 너를 배웅도 못 했지만
아쉬움도 없다
내게도 아픔을 준 팔월
꼼짝할 수 없게 발목을 붙잡아
답답한 시간 속에 뒹굴며
삶들의 전쟁 속에 갇혀 버렸다
내가 사랑하는 이도 볼 수 없고
싸 질려 돌아다닐 수도 없었다
떠난 팔월이 시원하다
다가온 구월 속에
나는 즐거울 것이다
꽃들이 지고 차곡히 물들어가는 가을을 느끼며
가두었던 것들을 끄집어내어
삶의 충만함을 누리리라.

박선순

2부. 화려한 유혹

참을 수 없는 유혹에
설레는 가슴은 콩닥거리고
너를 만나러 가는 길

포근히 밀려오는 바람결
겨우 내내 그리웠던
그 느낌

화려한 유혹 중

봄

봄
기지개를 켜고
기나긴 기다림
밀당을 부리며
심술도 부리며
살금살금 거리지

봄
훈풍을 데리고
아지랑이는 엉덩이를 살랑거리며
수줍은 새색시 마냥 고개를 살짝 들면
아른거리는 모습과
슬그머니 다가온 너

봄
그대를 기다리는 사람들에게
간질거리며 환한 웃음
담뿍 담고 오는가.

꽃샘추위와 봄

꽃샘추위는
겨울과 자리 다툼한다
눈보라 추위
온갖 행패를 부리며
밀당을 부리고 심술을 부리고
앙탈을 부려도
바람과 햇살의 따사로움으로
넌 떠나야 해

봄의 기다림은
오밀조밀 모여든다
훈풍을 데리고
아지랑이 엉덩이를 살랑거리는
언덕에 아른거리는 넌
수줍은 새색시 마냥
고개를 살짝 든 풀잎들
어느 결에 머무누나

봄
그대를 기다리는 마음엔
향기로운 풀 내음 꽃향기로
코끝을 간질거린다.

박선순

화려한 유혹

고된 시간을 견디더니
수줍게 고개 들며
화려하게 유혹한다

참을 수 없는 유혹에
설레는 가슴은 콩닥거리고
너를 만나러 가는 길

포근히 밀려오는 바람결
겨우 내내 그리웠던
그 느낌

발길 닿는 곳마다
온갖 사치로 치장한
고운 얼굴

봄
견딜 수 없는
너의 화려한 유혹에
나의 심장이 뛴다.

벚꽃 향기가 그윽한 날은

떠나 버린 사람이 그립다
홀연히 곁을 떠나더니
길을 잃은 걸까
오지 못하네

꽃비로 내리던 날
그에게 보일 수 없어
동산에 올라
꺼억꺼억 울음을 터트렸다

꽃비가 무심히 내리던 날
보내 주어야 하는 아픔
아름다운 꽃비는
슬픔이어라.

박선순

사월 잔인한 달이 좋다

그냥 좋은 것이 아니다
미치도록 좋다
화려함에 눈이 호강하고
은은한 향 내음에 코가 호강하고
치장한 모습들
행여 꽃보다 아름다울까 걱정하지 않아도
눈길들은 봄꽃들에 머무니
초라함도 보이질 않는다
잔인하도록 아름다운 계절에
발길도 한층 가볍다.

그대에게 보내리

싱그런 봄
너만 사랑할까
화려한 봄
너만 바라볼까
포근히 다가온 너
따스함으로
안아볼까
곱디고운 날들을
몽땅 가져다
안겨 주리라
신록 생동 축복에 계절
멋진 시간을 환희로
그대에게 보낸다.

박선순

줄딸기꽃

사진을 찍는데
누가 묻더라
너의 이름을
줄딸기라 말했지
환하게 피어난 너
줄줄이 피어난 고운 모습
세상도 너처럼
줄이어 아름답게 뻗어 나가면
힘겨움도 아픔도
고독함도 없을진대
인간은 욕심
시기 가운데 머물기에
칭찬하기가 어려운가 보다
고운 한 마디로
모두 하나 될 수 있다면.

찔레꽃

하얀 얼굴 순결하며
순수한 모습 잠시 멈춘다

찔레꽃 향기가 날린다
서러운 이야기를
향기로 말하는가

절절히 맺힌 아픔
숱한 길을 걸어도
만날 수 없는 그리움
처연히 사라지더니
하얗게 송이송이 피었다

슬픔을 간직한 꽃이여
만날 수 없어
고독과 그리움으로
지쳐버린 꽃이여

가슴 아린 전설에
나도 많이 아프다.

박선순

유월 속으로

창문으로 스며든
햇살이 여름을 알린다

함께 찾아온 바람은
더위를 잠시 잊게 해주니

유월 속으로 당신도
환한 미소로 오라

언제나 오는 하루
누구에게나 온다지만
특별하게 맞는 유월은
하루를 마지막 사랑인 양
불꽃처럼 피어나 태워 버리리

숨 막히는 경쟁에서도
나에게만 주어진 하루는
멋지게 열렸다

아주 오랜 시간 기다림에서
하루는 그저 얻은 것이 아니기에
아끼며 소중히 다루리라

하루가 농익어가면
후회가 밀려오고
아쉬움이 더 하지만
늘 그렇듯 아무 일 없는 것처럼

유월을 살금살금 훔치며
그 속으로 깊이 파고든다

초록이 익어가는 유월
슬그머니 감추어 두었던
속살을 내어 본다.

박선순

봄은 오는가

동장군과 함께
겨울이 매섭다

꽁꽁 싸매고
길을 나선다

춥다고 투덜거리지만
좀처럼 풀리지 않는
겨울도 저문 날 올 터인데

아롱거리는
아지랑이가 보고 싶고
포근한 햇살을 맞이하고 싶다

수줍게 내미는
새싹에 향연 속에
풋풋한 풀향기를 맡고
야생초 잔치에 참여하련다.

봄 너는 지금 어딘지

긴 겨울 동장군 버팀 속에
지루한 하품을 내뱉고
차디찬 날들도 떠날 채비를 하는지

계절을 거르지 못하고
봄을 그리워한 들풀도
목마름을 하소연한다

메마른 대지를 적시는
봄비가 오면
탯줄을 끊어 낸 생명이
파릇한 고개를 내밀 것이다

아지랑이 바람결 따라
살랑살랑 유혹의 몸짓에
버티어 낼 재간이 있을까

살금살금 다가올 것인가
봄 향기가.

박선순

비 내리는 날

차가운 빗방울이 창가를 두드리면
마음이 울컥한다
모를 감상적임이 우울과 함께 오고
빗장을 걸어둔 어둠이 사위어 가면
숨겨둔 혼자만의 고독 속으로 파고든다

뚝뚝 떨어지는 방울들이
창을 두드리지만
창을 열 마음은 없다

따뜻이 스며드는 차 한 잔
언 마음을 녹여 보며
회상에 나래를 펼치는데
탁상시계의 째깍거림은
신경을 거스른다

맥박은 거칠어지고
호흡은 긴 한숨을 부른다

봄비는 생명의 심장을 뛰게 하고
모든 살아있는 초목들을
빛나게 하는데

어이해 이내
심장은 터질 듯한지

비가 내리는 날
저 빗속으로 뛰어들어
흠뻑 적시고 싶다
청량제 역할이 될 수 있다면.

박선순

봄의 거처

잰걸음으로 다가와
봉인된 마음을
꽃비로 흔들어 놓더니
눈길을 피할 수 없게
여기저기에서 유혹하며
깊은 속까지 들어와 자리 잡은 너
이내 깊은 곳까지
찬연하도다.

꿈속에서

꿈을 꾸었네
가슴에 심어둔 아름다운 꿈을

시간이 아득히 흘러
동여맨 상처도 펼쳐 보았네

어느 숲에서
지저귀는 새소리는
안타까이 찾는 사랑의 울부짖음이었네

둘이 손잡고 나란히 걸어온 길
깊고 깊은 수렁인 거야
안갯속 미로를 한없이 걸었는데
끝은 보이질 않고 제자리였더라

이젠 낡아 버린 네 사랑이
차츰 지워져 가고
저 멀리 미로 동산에서
빨리 다가오라 손짓하지만.

박선순

비 오는 밤

그리움이 주룩주룩 내린다
억겁의 세월을 쏟아내려는가
빗물에 씻기어도 좋으련만
차디찬 가슴속에 반전이 솟아오른다
활화산처럼 타오르는 보고픔

가슴속 멍울 하나가
얹어져 묵직하게 짓누르며
통증이 서서히 깊어질 무렵
차라리 꿈속에서라도
볼 수 있다면 얼마나 좋을까

임이 나를 잊은 듯
나도 그대를 잊었노라 주문을 하지만
한 세월을 그리움 속에서 헤맸는가

냉가슴 오늘 밤 만날까 조바심치고
불멸의 밤은 깊어만 간다

하나둘 셋 넷 다섯 아흔아홉
숱한 빗방울을 세다가
깊은 나락 속으로 스며들어
긴 세월 만날 수 없던 그대를 만나고 싶다.

사는 날

우리 사는 날 동안
서로 얼싸안고 기쁜 일이
수없이 있었으면 좋으련만
우리 사는 날 동안
서로 고독하고 외로울 때
동행해 줄 그런 사람
있었으면 참 좋겠다
우리 사는 날 동안
마음 녹여주고 포용하고
이해하며 사랑할 수 있는
부드러운 사람 언제나
곁에 있으면 좋으련만
우리 사는 날 동안
시 한 구절 찾아 인생을
논할 수 있는 행복이
많았으면 얼마나 좋으랴
저 푸른 숲처럼 싱그럽고
포근한 품이 되어
햇볕같이 따스한 사람이 그립다.

박선순

오월의 신록 환희

햇살 한 줌 담아
연둣빛 어린 이파리에 빛이 내리면
초록빛은 싱그럽다

시선은 신록 따라 머물고
텅 빈 뇌에도
사색에 물결이 일렁인다

오월 푸르른 하늘 따라
마음껏 창공을 나르며
먼 곳에 있는 그대에게
안부를 전해 본다

눈을 두는 곳마다 초록의 행진
맑음이 충만한 날
발길 닿는 곳마다
눈부심이 황홀하다

시리도록 눈부신 날
환희의 찬가 들리고
내가 사랑하는 이들에게 이 고운 날
신록 그리고 환희 예찬 계절을 보내리.

4월

3월의 변덕 속에서 살았네
이제 뽐낼 것이다

신비로운 시간 속
도룡뇽 알이 오솔길 옆 웅덩이에 살아있고
나비와 꽃들의 입맞춤으로
여기저기 함성 울려 퍼지는
꽃들의 잔치 속으로 들어가리라

사랑스러운 얼굴들
너만의 싱그런 웃음으로 맞이하겠지
상상 속으로 만으로도 빠져들겠네

화려한 날들
발걸음 가벼이 콧노래 부르며
길을 걷겠노라.

박선순

칠월은

올망졸망 반짝이는
영롱한 눈길에 흔들리며
사랑이 곁에서 머물고
보석 같은 눈웃음이 나를 가두네

초록이 짙어 검푸른 나뭇잎
되돌아보니 어느덧 35, 38년을
곁에서 지키고 있었다

길가 무수한 세월을 버티는 느티나무가
언제나 묵묵히 서 있듯
언제나 그 자리에 내가 있었는지

긴 시간을 너희에게
마음과 정성을 다했다 하지만
부족하여 채우지 못한 것들이
미음에 남아 아픔이 더 하노라

보이지 않는 별을 찾으러
밤하늘을 올려 보면
반짝이는 별을 헤아리다
사랑스러운 너희들의 눈동자를 만난다

소중한 나의 보석들
아직도 너희에게 끈을 놓지 못함은
비바람 폭풍으로 행여 다칠까 무너질까
조바심치는 것은 어미의 자격이리라

태양이 이글거리는 칠월
짙은 산고 속에서
첫울음을 터트리며
내게 온 소중한 보물들
35,˜38년의 세월이 흘러도
아직도 그 모습이 아른거린다

조금 더 손잡고
힘을 보태 주면 좋으련만
이제는 나도 낡아가 잊히는 것뿐이고
뇌가 빠르게 회전하지 못함을 통탄하노라

하지만 칠월을 사랑하노라
내게 온 보석보다 더 귀중한 존재들을
사랑하며 보듬으리라
미소를 잔뜩 머금고 온 칠월이여.

박선순

꿈

어렸을 적 나이팅게일을 사랑하고
동경하며 잉태와 성장의 신비로움에
아름다운 백의 천사를 꿈꾸었지

좀 더 나가
나만의 세계 속으로 빠져
공상 속에서 문학을 사랑하며
허난설헌 닮고 싶었다

큰 꿈도 없고 노력도 없이
어디서 인가 주워들은 한 문장만 믿었다
"힘껏 당긴 화살은 멀리 날아간다고"
결국 모든 것이 수포가 되고
품었던 꿈은 꿈일 수밖에

한 사람을 사랑하고 깊은 늪으로 빠질 때
잘못된 만남이었기에
첫사랑의 쓴맛을 고스란히 간직한 채
늪을 헤어 나오기란 여전히 힘들었다

길지 않은 방황의 선택은 발목을 잡히는 순간
나의 전부를 끌어안아 보듬어 주었다.

꽃과 나비

싱그런 풀 내음이
돋아나고
흰색
노란색
화려한 옷을 입고
나풀나풀하며
달콤한
향기 따라 날아가는데
꽃구름에서 놀다 가라고
살그머니 고운 웃음 지으니
꽃들의 농간은 피할 수 없어
살포시 윙크한다.

박선순

3부. 숙명인걸

때론 지니고 있는 물건조차
어디 있는지 찾는 모습을 본 적도 있다
한결같이 흐르는 시간 앞에
주억거리며 헤맨다

숙명인걸 중

삶의 길에서

잔뜩 심술을 담았는지
먹장구름으로 금방이라도
비를 터트릴 것 같은 하늘
구름이 덮으니 더 위는 견딜만하다

시련에 시간 속에서
초췌함으로 볼품을 잃었으나
순수히 다가서는 시원한 바람에
잠시나마 맛보는 미소가 좋다

악물며 이겨낸 시련은
참 잘 견디며 잘 살아왔노라
곧게 살아온 시간 후회 없고
먼 길을 돌아 돌아 힘겹게 온 길이라

긴 이야기로 평생을 이어갈지도 모르는
남은 시간을 설계도 없고 계획도 보이지 않지만
살아가는 동안은 주어진 운명의 길을 탓하지 않고
천천히 걸어가겠노라

가시밭길 험한 계곡 이리저리 부딪치며
멍든 가슴도 서서히 생에 달구어졌기에
더 이상의 고통이 또 있으랴

모든 욕심을 하나둘 내려놓고
노년의 생이 평화롭기를 기원하노니
늘 걸림돌인 맘보를 순하고 자애롭게
훈련해야 한다.

박선순

숙명인걸

젊은 줄만 알았는데
어느샌가 몸뚱이는 낡아 가고
점점 떠 오르지 않는 단어들
글을 써야 하는데
짧은 단어조차 잃어 가는지

때론 지니고 있는 물건조차
어디 있는지 찾는 모습을 본 적도 있다
한결같이 흐르는 시간 앞에
주억거리며 헤맨다

한껏 치장하고 다시 돌릴 수 없는
세월을 기다리며 서성이는지
얕은 생각, 그날들의 아름다움만 보았다
저 강을 건너 때는 운명인 양 받아들일지

흔들리는 물빛이 예뻐서
주저앉아 바라보며 홀로 주절거림은
아름다운 시구를 찾기 위함이었는지.

엽서

그대 내가 보이는가
가슴에 묻어두고 묻어 둔 진실을
오늘 꺼내어 회상한다네

뒤돌아보면 다 부질없는데
그리움 찌꺼기는
독하게 매달려 있는지

내일을 위해 힘찬 에너지를 저장하리
그러기에 뒤를 볼 수 없게
백미러는 그만 깨어 버리리라

환상의 날개라도 좋으니
이제는 다 두고 가리라

내가 만끽하며
살아가야 하는 날들이
아직은 남아있는 시간이 많기에
그대 잘 있으오
난, 세상과 동거하며 행복하리라.

박선순

욕망

얼어붙은 마음에
불꽃 하나 피우리

열정의 도가니 속으로
스며들어 볼까

침묵 속에 빠져들던 시간도
이제는 작별하며

순수한 빛으로 나래 펴고
훈풍이 부는 것처럼
언어의 사유가 넘치면

눈부시게 퍼져가는 햇살처럼
시의 가치도 멋지지 않을까.

서약

사랑을 받느니 사랑을 주리라
가슴을 울리는 아픈 사랑 말고
모든 걸 내주어도 아깝지 않은 사랑

어둠 속에서도 두렵지 않고
바람에도 흔들리지 않고
매서운 찬 바람에도 쓰러지지 않으며
포근히 감싸 안으리

내 삶 속에 스며든 너
이 한 몸 다 할 때까지
두려움 없이 잡은 손 놓지 않으리

실체는 보이지 않고
손을 잡아본 적은 오래지만
환상 속에 머문 그대는 온통 설렘뿐

억겁에 세월이 흘러도
만날 수밖에 없는 존재이기에
날 떠나 멀리 있지만
변치 않는 내 마음은 아직도
아낌없이 널 사랑하노라.

박선순

그곳은

세월 속에서 익어가는 나이
열정을 쏟아부었던 날들을 멀리 보내는가

목마름은 내 안에서
꿈을 잃은 영혼이 꿈틀거리며
파리한 욕망이 고개를 쳐든다

심통 사납게 떠 오르는 필름은
그리움 가득한 여행길을 유혹한다

독하디 독한 암 덩어리인가
상실된 마음 깊숙한 곳에서
불쑥 고개를 내민다

각혈을 하고도 아프지 않고
메스를 댄다 해도 두렵지 않은
무덤덤한 삶 속에서
바늘 하나가 슬그머니 끝을 세우고
콕콕 찔러대며 생채기를 낸다

햇빛과 바람이 길을 재촉하고
어디로 튈지 갈피를 잡지 못한 방황

편안한 숨을 쉴 수 있는
그곳이 어디인가
병든 육신과 지친 영혼

삶에 얹어진 덤 하나로
열정을 다 할 수 있는
아늑한 곳을 찾아
쉼 하고 싶다.

박선순

삶의 언저리에서

무심히 살아온 날들은
빠르게 빠르게 달려갔다

삶 속에 나를 던지고
묵묵히 걸어왔는데

세월을 이길 수 없어
지쳐버린 몸뚱이 하나 바르르 떨며
온 힘을 다해 이겨내 보려 애를 쓰고
다시 회복하려 안간힘을 다했다

낡아진 몸 고치고 낳으면
또다시 무너지고
차츰차츰 걸음이 느려진다

세월을 이기고픈 탐욕
버티고 버틴 날들 뒤돌아보면 가소로운 것들
내려놓지 못한 채
나에게 기대며 살아가고 있다

고난의 질병 속에서도
굳건히 살기를 원함은 욕심 때문만 아닐 거다
나를 원하는 이들이
세상 속에 미미하게 존재해

아직은 져 버릴 때가 아닌가 싶다
그 존재들을 붙잡고 싶은 것이
어쩌면 솔직한 내 심정 일지도

자연의 섭리 따라 늙어가고
지긋지긋한 삶의 무게는 더 할 뿐인데

아린 삶을 판단 못 하고
버팀목이 되어준 그들에게
고마움을 전해야 할까 보다

삶의 언저리에 아픈 상처 놓아 버리고
남은 삶을 맑고 밝은 날들로
다시 설계해 본다
어김없이 뜨는 태양처럼.

박선순

바람에게 질소냐

마른 나뭇가지를 뒤흔들어
겨우겨우 매달린 잎새들을 낙화시키니
잎새들은 춤사위 오고 가느라

휘몰아치는 북서풍이 야속하기만 하다
차가운 바람과 맞서며
비로소 차가운 바닥에 뉘어 보니
한때는 아름다운 나날도 있었노라

화려하던 날
어떤 이의 슬픔도 감싸 안고
조용히 지켜주었고
모든 것을 내주고도 슬프거나
원망 따위는 없었노라

싸한 바람 또 한 번 흔들며
온 전신을 훑고 지나가니
빈 가지만 남길 줄이야

육신은 덧없어라
내게 남아있는 벌거벗은 몸속
영혼은 해맑으리라.

고마리

뇌는 잠겨 슬픈 기억도
아픈 마음도
세상 즐거움도
자랑질도
문자 하나도
떠오르질 않아

길을 무작정 거닐고
냇가 한쪽 풀더미를
무심한 시선으로 바라보니
방긋 웃으며 인사를 건넨다
싱그런 모습
나더러 어찌하라고.

박선순

오래된 낙서

낡은 낙서장을 발견했다
20대 무심히 적어 놓은 낙서

낙서는 글이 아니다
외로움 슬픔 고독 따위
홀로 아무 생각 없이 끄적거림이다

원망 따위가 뒹굴고
고백이 휘날리고 있다

비밀 아닌 비밀도 비밀스럽게
이니셜을 써가며 유치하게 고백했구나

때로는 쓰라린 상처를 동여매기도 했고
다시 상처를 받으면 깊이를 알 수 없는 상처에
눈물이 마르지 않던 시간들도
주마등처럼 지나가고

남아있는 잔상이 새록새록 피어난다
새로운 것의 만남보다
지난날 추억은 사색이었다

지금은 아무렇지도 않은 고백도
홍당무처럼 빨간 얼굴이 부끄러워
그때는 하지 못했다
지금은 가장 흔한 단어를

사

랑

해

박선순

하늘이

커피를 마시다가 올려 본 하늘
물비늘이 반짝이듯 송골송골 떠다닌다

지친 내 영혼 속에서도
반짝이며 다가오는 그대

나 그대를 위해 무뎌진 마음을 열고
바람결에 흩어지는 것들을 잡으려
한 줄의 글을 남긴다

오늘처럼 고운 날
오늘처럼 아름다운 날
무엇 하나 내 것이 아닌 양
그저 바라볼 수밖에

심장은 파르르 떨리고
주술처럼 엮어온 시간들이
허공에 휘날린다

상처로 동여맨 가슴앓이
공허함만이 가득하니
모든 것을 체념하며
구름에게 맡긴다

그대를 부를까
그대를 만날까
길 따라가는데
환한 미소로 따라오는
구름들의 속삭임

오늘 하룻길은 오롯이
멋진 시월 하늘에 감탄하리라

나
널
만나기 위해
존재하니까.

박선순

텅 빈 공간 속에

유난히 바람이 찹니다
수많은 이들은 가족과
도란도란 이야기 나누며
행복한 웃음소리를
담장 너머로 보내고 있답니다

유난히 반짝이는
별들을 헤아립니다
모를 쓸쓸함이 가을을 스치면
회색빛 도시가 나를 가둡니다

하늘 달도 숨었습니다
어디선가 누구에겐 희망 일터인데

쓸쓸한 가을밤
바스락거리는 소리라도 들렸으면

추파(秋波) 잃은 달빛은
점점 움츠러든다.

고민

살아온 시간만큼 성숙해졌는가
다른 나를 만난 적 있는가
나를 위해 혼신을 다 한 적이 있는가
세월을 탓하며 늙어 감을 한탄 하였는가
속에 묻어둔 말들 나를 위해 무엇을 할 것인가

혼자서 야금야금 좀 먹은 시간
익숙하게 보내며 기억의 편린 속에
가두어두고 통증을 앓았다

시간을 허투루 보내고도
목표에 도달하기를 바랬는지
점 하나 찍지 못한 날들을 한탄하며 길을 걷는다
삶의 중심이 무엇이었는지
고운 날들을 어떻게 쓸 것인지.

박선순

되돌아봐도

나이가 육십을 넘고
세상 풍파 겪으며 보았노라
어떤 환란의 시간이 온 날
숙성된 시간은
동요하지 않는 삶이 되었네

열심히 살아온 대가는
육신은 아픔을 동여매고 있고
욕심이 줄어들고
생각은 현실에 안주하려 하는데
동아줄 같은 생각은 쉬 놓아주질 않는다

갈라진 마음은
허공을 향해 외친다

삶의 사슬에서 벗어나기를
발버둥 치며 위로하지만
잔상의 찌꺼기조차
갈기갈기 찢어진다

촉수를 세워 밝힌 불빛은
희미한 그림자를 남기며
애써 밝아지려 한다

살짝 금 밟으며
깊이를 알 수 없는 마음을
접착제라도 발라 붙일 수 있다면

상실된 마음을 찾아
완전한 감성으로 이어가리.

박선순

하나의 그리움을 두고

하늘 구름은 두둥실 떠가고
아직 남아있는 여름은 어깃장 부리는가
산들거리며 부는 바람은 가을을 알리고
홀로 잠든 밤 쌀쌀한 기온에 이불깃을 끌어당긴다

밤하늘 별들의 속삭임 속에
반달이 조각이 산을 넘어간다
여름내 시달림도 추억 속으로 달려가고
어디선가 들려오는 귀뚜라미 소리의 애달픔

바람처럼 왔다가 바람처럼 사라지는 인연들
숱한 이야기들은 추억으로 흩어지고
저 구름처럼 어디론가 흘러가겠지

식을 줄 몰랐던 열정의 시간도
점점 빛바랜 시간 속에 퇴색될 것이다

그리움이 짙어지는 날 한 장의 사진을 껴안고
웃음을 지을 수 있다면 마냥 행복하리라

한 장의 추억과 그리움을 남긴 채
떠나는 계절은 그림자를 남기고

속절없이 가을날을 기다리는 마음은
벌써 다가온 계절의 시간 속으로 흘러 들어간다

그리워했던 긴 기다림의 시간
고운 계절 앞에 마냥 웃음 지으며
간절한 소망 속에 다가온 너
사랑의 깊은 입맞춤 할까.

박선순

떠나는 시간

아쉽게 가려는가
좀 더 오래 버틸 수 있건만
겨우 고까짓 것으로 유세를 떨었나

그리도 강렬하게 오더니
그리도 견딜 수 없게 하더니
그리 오래가지 못하며
슬그머니 꼬리를 내릴걸
열병의 도가니 속으로 가두었더냐

너에게 순응하며 버틴 시간 속에 인내를 배웠노라
떠나는 여름에 모르는 아쉬움이 떠다닌다

새로운 계절은 이제 자리를 찾고자
슬금슬금 다가오는 가을 길에 비가 촉촉이 내린다

지난 계절 속에 남겨진 그리움을
담을 준비조차 하지 못했건만
코끝에 스치는 바람이 서둘러 소식을 알린다

점점 흐릿하게 떠나가는 계절 속에
파르르 떨며 부서질 듯 서 있는 야생초가 안쓰럽다

오늘이 떠난 자리에
내일의 희망을 꿈꾸며
살아있는 것들의 축복을 보리라.

박선순

영혼의 떨림

사색과 고독의 즐거움
여름의 한철을 지나
절대자가 부르는
고요한 시간으로
한 발씩 빠져든다

스스로 빠져드는 고독
비 온 후
한 방울씩 떨어지는
존재의 물방울

빠른 시간 속에선
얻을 수 없는
영혼의 떨림.

그래 그렇게 사는 거야

나 혼자 버거워 껴안을 수조차 없는 삶이라면
적당히 부대끼며 말없이 사는 거야
그냥 그렇게 흘러가듯이 사는 거야
인생이 특별히 다르다고 생각하지 말자
어제도 내일도 모두가 똑같다면 어떻게 살겠어
뭔지 모르게 조금 다른 거라고 생각하며 사는 거지
단지 막연한 기대감을 가지고 사는 게
또 우리네 인생이지
숨 가쁘게 오르막길 오르다 보면 내리막길도 나오고
어제 죽을 듯이 힘들어 아팠다가도
오늘은 그런대로 살만해
언제의 일은 잊어버리며 사는 게 우리네 인생이지
더불어 사는 게 인생이지
나 혼자 동떨어져 살 수만은 없는 거잖아
누군가 나의 위로가 필요하다면
마음으로 그의 어깨가 되어줄 수도 있는 거잖아
그래 그렇게 사는 거야
누군가의 위로를 받고 싶어지면
마음속에 가두어둔 거짓 없는 말 친구에게 하면서
함께 살아가는 거야
그래 그렇게 살아가는 거야.

박선순

동행

차분히 내려앉은 어둠 속에
저녁 별들이 소곤대는 밤
그대를 찾아본다

바쁜 삶 속의 너 나
소통할 수 있기에
외로움도 금세 잊지

뺄 수 없는
가슴속 담아 둔 언어 빗장을 열며
그대에게 전 할 수 있음은
함께라는 진실이 있어서이다

조그만 상처도 어루만지며
얼마나 아프냐며
근심 어린 얼굴로 위로하는 우리

지친 삶 속에서도
서로에게 토닥이며
충실한 삶 속에는
더 좋은 내일이 있다고
힘과 용기를 북돋아 주는 우리

마음 하나로만으로도
가는 길목을 지켜주기에
힘들고 고달파도 위로가 되며
늘 마음이 함께 이기에
진실한 동행
너 그리고 나.

박선순

친구여

사십 년을 함께 했구려
늘 가까이 있어
소중함을 잃고 살았나 보다
얼굴 마주할 때면 쓸데없는
지껄임도 낄낄거리며 웃는 너
잘못된 걸 지적해도 맞장구쳐주며
실없는 소리도 곧잘 하며
실실 웃음 주던 참 속없는 친구여
늘 좋은 친구로 오래오래 같이 살자 했지

세월을 다시 돌릴 수 있다면
처음 본 그때 서먹함으로 가고 싶다
젊음이 한창일 때
통기타를 치며 밤하늘을 별들을 보며
노래 부르던 그때
그 싱싱함으로 되돌리고 싶다

네가 참 좋은데
널 좋아하는데
아직은 해야 할 일들이 많은데
어찌 청천벼락같은 소리를 들어야 하는지
너의 의지로 일어나라

네 가족의 바람을 잊지 말고 힘내라
친구들의 응원에 소리가 하늘에 닿는다

우리 오래 보자
쉬운 걸 어렵게 얘기하며
어려운 걸 쉽게 이야기하는 너
네가 실실 보내는 농담을 들어야 한다
친구야 다시는 네게 남은 시간을
나에게 말하지 마라
오래도록 함께 해야 하니까
참 좋은 내 친구여.

박선순

면경

언제부터 변한 거니
곱디곱던 넌 어디로 가고
그 안에 넌 누구더냐
흐름 속의 시간 막지 못한 청춘이여

낯선 얼굴은 아닌데
달아나버린 젊음
어느덧 책임조차 질 수 없게
변해 버린 모습 속에
나를 어루만져 보네

밝게 빛나던 피부는
하나둘씩 늘어난 주름이
살아온 흔적일까

초롱초롱했던 눈동자도
초점이 흐려졌는지
저 거울 속 내가 변했구나

애써 밝은 그날로 돌리려니
어디서도 찾을 수 없는 얼굴
저 속에 있는 난 누구인가

세월의 흔적을 고스란히 안고
살아가는 모습 속에서
하루를 산다 해도
이왕이면 멋진 나로
승화시켜야겠다.

박선순

골목길

신작로를 지나 작은 길로 들어간다
굽어진 곳을 가다 끄트머리쯤
내 집 문 앞에서 서성이는 널 보았네
푹 눌러쓴 고등학교 모자
까만 교복에는 수줍음이 가득했다

꿈결처럼 지나온 길
그 길가에서 마주칠 듯한데
네 소식이 들려올까 그 길에서 기웃거렸는데
끝내 너는 어디에 있는지 보이질 않고
재잘거리던 추억의 기억만 스멀스멀 떠다닌다

고무줄 비석 까기 사방치기
땅따먹기 핀 따먹기 공기놀이 등
손이 트고 부르터도 아픈 줄 모르고 신나던 시간쯤
해거름이 시작되면 하나둘씩 제집으로 간다

전봇대 백열등 불빛은 환하게 비추고
어디선가 술 취한 이의 유행가 노랫소리가 들린다
내 아비의 지친 발걸음에
한이 서린 노랫말 불효자는 웁니다였지

비가 양철 지붕을 내리칠 때
똑똑 소리가 그립다

지독히 가난했던 그 시절
헤픈 웃음이라도 잘 웃으시던 아버지
그 웃음 뒤에 고독과 번뇌가 가득했으리라
다섯 자식을 위해 헌신을 다하신
내 아비가 몹시 그립다.

박선순

갈등 사랑

한 사람만 진실되게
사랑할 수 있을까

지금의 나
흔들림이 없어
설렘으로 맞이할 수 있을는지

흘러가는 강물처럼 잔잔히 흔들림 없이
사랑이란 단어를 않고 갈 수 있는가

한 여름밤 그가 내게 영혼으로
영원한 사랑을 약속한다면
나도라고 답할 수 있을까

사랑의 약속이 헛되지 않고
한 사람만을 이 목숨 다할 때까지
함께 가겠노라 할 수 있을까

그대라는 선물을 받는다면
약아빠질 대로 약아빠진 내가
그 진실 속으로 스며들 수 있을까

숨이 다 하는 날까지 두려움 없이
오는 사랑이 있다면 기꺼이 같이 늙어 가리라

사랑은 주는 거라지
닳아 빠진 가슴에 설렘 가득 싣고
찾아오는 사랑이라면

혼이 떠나는 날까지
그 사랑을 기억하며 살아가리라.

박선순

독백

은밀한 유혹을 받고 싶다
삶의 생채기 속에
간질거리는 유혹을

얼굴이 후끈 달아오르고
바람이 스치면 흔들거리지만
이내 수줍어 홍조 띤 모습

너를 탐닉하고
지친 육신 감성은 내 안에서
스르르 잠을 잔다

마른바람은
감성을 잃게 하며
빈 가슴을 더욱 메마르게 한다

떨림으로 써 내려가던
글들은 감성을 잃고
영혼조차 힘겨운 싸움인가 보다

비라도 흠뻑 내린다면
떠 오르지 않는 추억들을
억지로 끄집어내며 볼 텐데

뒤엉키고 쩍쩍 갈라진 마음의 틈새로
횅한 바람만 아리게 헤집는다

숨어볼까
꽁꽁 숨어볼까
힘겨운 시간에서 도피해야 하는데

독백만 써 내려가는 글
한 자락 어이하라고
붙들고 있는지.

박선순

4부. 늘 보고파서

긴 시간이 흘러도
변하지 않는 그 마음
충분히 사랑을 받고 있었어

보고픔 달려 오지 못하고
소식조차 저물어 갈 때는
초조함과 보고 싶은 갈급함에
싸아한 통증을 달랬는지

늘 보고파서 중

가을

하얀 구름 하늘에 떠다니고
바람결 따라
코스모스 하늘거리는 청아한 날
가을은 오고
여름에 만났던 인연은
꽁지를 감춘 지 오래다
상념 속에서 낭만을 즐기며
녹슨 뇌에 기름칠을 한다
산등성 바람은 시원하고
푸르름은 아직은 건재하다
어디서 왔는지
청설모 한 마리가 나타나 노려보네
행여 먹잇감 하나라도 빼앗길세라
뚝뚝 떨어지는 상수리 열매에
잔뜩 눈독을 들이는 녀석
진하게 배인 가을은 풍성한 계절인 것을
겨우살이 준비를 하는 청설모도
넉넉한 가을을 사랑하겠네
스르르 미끄러지듯 스며든 가을이 왔지만
바람 속 혼돈과 피곤한 만이 어슬렁거릴 뿐이다
인생도 가을볕 따가운 것처럼.

가을 냄새를 맡으러 가야겠다

따가운 볕을 만나 무르익는 오곡
들에는 벼 이삭이 탱글탱글 익어 갈 테고
고추 참깨 등 작물을 추수하고 있는
농부의 환한 얼굴을 보러 가야겠다
산에는 밤이 툭툭 터지며 얼굴을 내밀 것이고
도토리가 뚝뚝 땅에 떨어지면 무심한
발걸음은 놀라 잠시 호흡을 하겠지
다람쥐들의 겨우살이 준비도 바쁠 것이니
그 풍경을 만나고 싶다
옥색 빛 푸른 하늘 고추잠자리의 비행
바람에 살랑거리며 춤추는 가녀린 코스모스
이른 낙엽이 발길에 차이고
풍성한 계절 맑은 시냇가 만나면 발을 담그고
노래 한 구절을 불러보리라
마을 어귀이든 산모퉁이 정자가 있어
거기 앉아 들녘 저 멀리 불어오는 시원한 바람에
한 줄의 아름다운 시를 쓰리라
헛헛한 마음은 가을빛 속으로 깊숙이 스며들면
언제나 그랬듯 가을 앓이는 시작되리라.

박선순

가을엔 어디론가 떠나고 싶습니다

어디론가 떠나고 싶습니다
이 가을이 떠나버리기 전에
내가 먼저 떠나고 싶습니다

삶이 빈 껍질처럼 느껴져
쓸쓸해진 고독에서 벗어나
그대를 사랑하고 싶습니다

그리움으로 피멍이 들었던 마음도
훌훌 벗어던지고 투명한 하늘빛 아래
넋 잃은 듯 취하고 싶습니다

간들거리며 불어오는 바람에
몸부림치도록 고통스럽던 마음을
하나도 남김없이 날려 보내고 싶습니다

늘 비질하듯 쓸려나가는 시간 속에
피곤도 한구석으로 몰아넣고
한가롭게 쉬고 싶습니다

머무르고 싶은 곳
머무르고 싶은 사람을 만나면.

치매

세상 어디까지 가 봐야 하는지
알 수 없는 미지에 세계
잊지 않으려 애를 써도
모든 기억들은 한 곳에 남고
소중한 자신조차 잊는 걸까
무엇이 기억들을 저 멀리 내보내는가
어느 한 울타리에 갇히게 하는가

잃은 과거를 찾으러 과거 여행을 떠나며
애타게 그리운 이들을 찾아 방황하는 안타까움
무엇도 할 수 없는 망각에 시간
모두가 안타까워해도 찾을 길 없는 먼 기로에서
당신은 어디로 가는가

웃고 울고 함께 나누던 사람들
그들은 당신의 방황이 무엇 때문인지
몹시 궁금하다

긴 나날들이 흐른 후
머나먼 여행길을 떠나며 마음속 깊이 잠가둔
빗장을 풀면 그땐 모든 걸 기억하며
통한에 눈물을 흘릴는지.

박선순

만추

가을 한 줌을 담아
고백하려 했는데
내게 기회도 주지 않고
슬그머니 꼬리를 감추누나

너를 좋아하며
너를 사랑하고도
잡을 수 없어 순간마다 고통이었다

휑한 가슴을 채우려다
들켜 버린 가슴은
하얀 그리움만 가득 찬다

시월은 시린 가슴을 움켜쥐게 하고
한 번쯤 고백해도 좋을 빛 좋은 날
나를 가두지 못하고
텅 빈 가슴을 쓸어내리며
슬픈 눈을 감아 버린다

가지 끝에 대롱대롱 매달린 애처로운 나뭇잎하나
너를 보노라니 울컥거리는 심장은 아려서
보내지 못한 속울음을 꾸억꾸억 참아낸다

깊숙이 담아둔 사랑가가
어설픈 시인의 가슴에 와 박힌다
떠나려거든 살포시 갈 것이지
어이해 심장을 찌르며 아프게 하는지

가을아
가을아
사랑조차 마르게 하는 계절아
속히 떠나려무나
아린 가슴을 이제 추스르고 싶다.

박선순

가을은 영글고

들뜬 맘으로 가을을 맞이했건만
이 가을은 벌써 떠날 준비를 한다

아직도 준비되지 못한 감성은
찬바람을 여미며
다른 계절 앞에 수긍해야 하는지

나뭇가지에 하나둘씩 떨어지는
낙엽이 가는 길은
그리움이 지쳐가는가

향기로운 시간들이 화려함에 묻힐 때
추억 하나가 히죽거린다

너를 보내는 마음은
통증 하나가 쓰라리게 솟아오른다
차츰차츰 스러지는 상념의 시간

오롯이 이 계절을 붙들고 싶어
몸부림으로 반항하지만
오색 찬란한 날들 풍요도
헛된 웃음으로 날려 보내야 하는지

엉클어진 가슴은
날을 세워 붙잡고
헉헉거리며 고립된 나를 세우려 하네

바람 한 점에도 비틀거리고
날숨을 들이키며
이 계절이 잊어질까 잊힐까

아찔한 순간마다
흔들리지 말자 하고
무덤덤하게 걸어온 길 끝에는
인연의 길이 예까지라
고백하누나.

박선순

가을숲

자박자박 거니는 오솔길
단풍은 서서히 물들어가고
스산한 바람 한 점이
나무들을 흔든다

다 물들지 못한 잎새도 떨어지고
상수리나무엔 품고 있던 도토리가
툭툭 떨어지는 소리에
어디서 왔는지 청설모 한 마리가
휘둥그런 눈으로 바라보다가
화들짝 놀라 숨어 버린다

드문드문 길섶에 핀
억새가 처량하다
이름 모를 새는 사방을 둘러보며
애달픈 소리로 무엇을 찾는지

가을 숲은 짙은 채색으로 아름답고
깊어 가는 그리움
가을 숲만
더욱 빛나는가.

가을은 왜

가을을 사랑하는데
가을 앓이는 깊어 가고

쪽빛 하늘
붉은 노을은
눈시울을 붉게 만든다

가을날 쓸쓸함이 나를 가두고
외로움과 고독이 슬프게 한다

길 위에 떨어져 구르는
낙엽 한 장에도 눈시울은 붉다.

박선순

시월 속으로

너의 최면에
하루가 아름다운 날
그 속으로 들어가면
배시시 웃으며
그림자 하나가 들어온다

뒤처진 그리움이
몽실몽실 피어나면
하늘 정원은 어찌 그리 청명한지

시월 속 깊은 곳에 묻히며 머물고 싶다
화려한 시간 속으로 빨려가고파

추색은 아름다워
고운 융단이 활짝 가슴을 열면
그 품에 안기리라

가슴은 조바심치고 심장은 떨린다
하나둘씩 떠나는 길
뒹구는 낙엽 발길에 차일까
앙상한 가지라도 남아있을 때
깊은 곳으로 가려네

먼 길 되돌아가지 않고
이 계절 앞에
절절한 사연 하나 남기리니

멋진 시월 속으로
나를 가두시게.

박선순

가을 안부

회색빛 도시에도
가을빛은 짙어
고단한 마음에도 사색의 여유로움
길가 가로수 잎새들이
잔바람에도 떨어지누나

플라타너스 낙엽 한 잎 주워
너에게 편지를 쓴다

나의 길동무여
잘 계시는가 건강하신지
하늘 아래 함께 숨 쉬고 살아가는 것이
안부를 전하는 것이
얼마나 기쁜 일인가

두루두루 쓰고 싶은 사연은 많고 많지만
가끔 안부를 전할 수 있는
그대가 있어 참 좋더라고.

가을 낙서

이 계절은 나에게
가을 앓이를 부르고
사색을 부르며
고독을 부르며
쓸쓸함을 부른다

쪽빛 물결이 짙게 밴 하늘이 그렇고
살랑거리며 전신을 훑고 가는 바람이 그렇고
풀벌레 구슬픈 소리가 슬프다

밤하늘 초롱초롱 별빛들의 밀어가
사선을 가르며 떨어진다
잡을 수 없는 생의 끄트머리에 연출 이려는가

가을볕이 짙어 미소로 화답하는데
그리움 가득해
낙엽 한 장 접어 띄우지만
수신 없는 편지가 된다

언제도 열어 본 낙서에
답장을 보낸다면
무엇을 끄적일까.

박선순

가을 길

뜨거운 존재는 미적거리며
제 자리를 맴돌고 기세를 부리지만
새벽녘 빗줄기가 시원스럽다

초롱초롱 내리는 비는
가을을 데려올 터이고
쪽빛 하늘에 깊이를 알 수 없듯
가슴에 숨어 있는
그대의 품은 마음이 궁금하다

매미에 울음소리도 잦아들 때
고추잠자리의 비행은 높아지고
밤새 시끄럽게 울어 대는
귀뚜라미 울음소리가 구슬퍼지리

버석거리는 가슴에
스미는 가을이 심장 속에 파고들면
난 가을 앓이를 앓아야 한다

떠나 버린 것들을 잃어버린 것들을
들추지 않으리라 다짐해 보지만
가을은 왜 상념으로 몰고 가는지

낙엽 한 잎을 주워
멋진 단어로 고백하는
가을편지를 쓰리라

내가 아파하며 사랑하는
가을이란 계절 속에
별처럼 수많은 이야기를 담아
와락 다가오는 가을 길에 흩날려 보내리

차분히 오라
사랑하는 가을이여.

박선순

늘 보고파서

잠을 자다
그대 생각에 깨어났어
가슴 언저리에서 통증이 자라
몹시 저리다

소담스러운 장미가
푸근한 당신의 마음처럼 피어나
향을 퍼트릴 때
온전히 나만을 위한 향기이길 바랬지

긴 시간이 흘러도
변하지 않는 그 마음
충분히 사랑을 받고 있었어

보고픔 달려오지 못하고
소식조차 저물어 갈 때는
초조함과 보고 싶은 갈급함에
싸아한 통증을 달랬는지

잊는다고 다 잊히지는 않더라
깊숙이 감추어 곁에 둔 그림자가 있어
그대는 잊을 수가 없었지

불시에 온 그대의 영상에
목 놓아 울고
투정 아닌 투정으로
보고 싶다고 했는데

그대도 그립다 하면서
이내 마음을 달랬고
먼 훗날만 기약하더라

그때 우리 만나자
그대와 나의 비밀스러운 이야기
그때 안에 잠가 두었던
사랑을 꺼내자.

박선순

지친 기다림

해지고 어두운 밤을 사랑하노니
별들에게 전할까
달님에게 말할까

그대 돌아오는 길목에서
홀로 오시지 말고
시원한 빗줄기를 데려오소서

내가 사랑하며 의지하는 님이여
우리네 마음을 들으소서

애달픈 심정에 폭우라도 퍼붓는다면
버선발로 뛰어나가 맞이하리라

고운 맘 이쁜 맘
사랑하는 아름다운 맘으로
하루의 수고가 헛되지 않게 토닥여 주리니
곧 오소서
어서 오소서.

한해의 끝자락

차가운 밤하늘
아스라한 곳 반달이 떠 있다
어설픈 언어들이 떠다니며
궁상스럽게 글을 펴 본다

억눌린 단어들에 퍼즐 맞추듯 써 내려간 글
창피도 모른 채 끄적거린 잘난 채
어찌 무모하게 글을 썼던가

아무렇지도 않게 병신년 마지막 시간을 절름거리며
끄적여 보네 한 장 달력 슬프게도 허무하다
한 해를 회고해 본들 기쁨보단 아픔의 시간
아니 건조하고 무의미한 시간이 더 많았는가 보다
좀 더 신경 쓰지 습작도 모르고 그대로 끄적인
글 잘난 맛에 몇 권의 동인지에 실었다

새로운 정유년 붉은 닭의 해가 오면 좀 나아질까
부끄럽지 않은 글을 쓸 수 있을까
다시금 필을 잡고 글을 쓰려 하지만 무엇으로
채울 수 있을는지 진정 시어들이 아름답게
떠다닐 수 있다면 이제껏 글들이 삼류 수준이지만
이름을 혼으로 빚어낸 글을 써야 한다.

박선순

기도

떠남이 그리 슬프지 않습니다
지난가을의 오랜 향취가 대지 위에서
반가이 저를 맞기 때문이지요
바스러짐도 그리 아프지 않습니다
수없이 부서져 갔을 낙엽소리를
기껍게 안은 나목이 아파하지 않으니까요
두려움도 없답니다
그렇게 다정했던 바람도 햇살도
내 몸을 검게 태워 주검으로 몰아가지만
제겐 기도가 있으니까요
우주의 무엇에도 방해받지 않는
그 분과 나만의 은밀한 속삭임
그 비밀한 이야기는
내가 숲으로 오기 전
어느 언덕의 시간에서부터
내 영혼이 소생한 깊은 어둠까지
결코 짧지 않은 동행
이제 그 길로 향하는 저의 발걸음은
행복한 눈물에 젖습니다.

가을은

바람결 따라오는 것이야
산과 들에 부는 바람이 말하는가
가슴 한쪽에 바람이 일어 아프게 하며
쓸쓸하게 하는 것 봐

잊었던 말들이 떠 오르면 텅 빈 가슴에
이슬이 맺히게 하고 그리움이 벌컥 다가와
너를 찾게 하니 가을은 바람이 싣고 오는 것이야

마침표를 찾아 주저앉고 싶지만
먼 길에서 미소 짓는 그대가 있네
화려하고 아름다운 가을은 외로운 길
쓸쓸함만 주는 것이 아니라
낯선 길에서 서성이는 나를
당신에게로 향하는 길이더라.

박선순

가을편지

마음을 사로잡아 흔들고
홀연히 뒷문으로 떠나는
계절의 속도를 붙잡을 수 없어

가로등 불빛은 긴 그림자 내어주며
주인의 옷자락 잡아당겨
밤바람 맞으며 숨어든다

마음은 그 자리에서 맴돌고
밤이슬 내려 풀잎에
사랑을 심어 놓으며 잠든다

내 안의 진실은
나를 사랑하고 있기에
외롭지 않아 가을을 안아본다.

산소에서 그대를 그리다

산밑에 가만히 스치는 햇살아
그늘에 앉아 가슴 퍼 올리는
애타는 그리움 노래하지 마라

심장만 톡톡 떨리는데
꽃으로도 이 그리움 달랠 수 없으니
바람 한 잎 떨구어 구름에 실어다
그대 하늘 밑 나 데리고 가라

무령, 달려가 나란히 그대 무릎에 눕고 싶은데
휘젓듯 몸살에 아려오는 이 외로움
쓸고 간 그리움은 매운 산탄처럼 흩어지고 마는데
차 한 잔으로도 가라앉지 않으니
오늘 밤 달이 차면 어이 한밤을 보내야 할지
눈물만 미어지는구나.

박선순

11월의 선물

시월이 떠나가면서
새롭게 포장된 선물
하루하루 열어보면 무엇이 나올까
첫 포장을 열어보니
안식이라는 선물이 덥석 안겼네

모두에게 십일월이 왔는데
어떤 선물이 열려
하루를 멋지게 열린 건지 기대가 된다

아무도 모르는 새로운 날
희망으로
소망 담고
기쁨으로
사랑하는
시간을 만들고
건강과 행복 가득히 넘쳐나기를.

첫눈

잿빛 하늘
금세 터질 듯한데
겨울꽃이 피어 내렸으면
메마른 가슴에 너의 숨결을 고른다
지독한 외로움이 너를 끌어안게 하고
지난 가을날들을 훨훨 날 수 없음에
아파할 수밖에 없던 시간들

첫눈이 내린다
방황 깃들어 온다
겨울이 왔다
차디찬 대지 위에서 길을 묻는다
어디로 갈까
깊숙이 자리한 방랑길
그저 떠나야 한다
입술이 떨려
목적지 없는 길을 묻는다.

박선순

창작동네 시인선 192

그리움 그리고

인　쇄 : 초판인쇄 2025년 03월 13일
지은이 : 박선순
펴낸이 : 윤기영
편집장 : 정설연
펴낸곳 : 노트북 출판사_
등　록 : 제 305-2012-000048호
본　사 : 서울시 동대문구 사가정로 256-4호 나동 B101
전　화 : 070-8887-8233 팩시밀리 02-844-5756
H　P : 010-8263-8233
이메일 : hdpoem55@hanmail.net
판　형 : 신한국판형 P128 130-210

2025. 3_그리움 그리고_박선순 제1집

정　가 : 10,000원

ISBN : 979-11-88856-93-0-03810

*저자와의 협의로 인지는 생략합니다.
*잘못된 책은 교환해 드립니다.